Inventaire
V 24619

PARIS. — TYPOGRAPHIE LACRAMPE ET COMP., RUE DAMIETTE, 2.

1846

LE
SALON CARICATURAL

CRITIQUE EN VERS ET CONTRE TOUS

ILLUSTRÉ

DE SOIXANTE CARICATURES DESSINÉES SUR BOIS

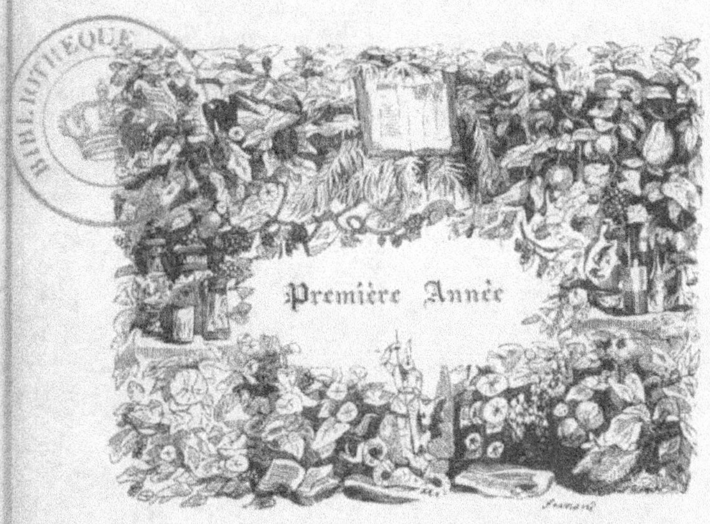

PARIS
CHARPENTIER, LIBRAIRE
PALAIS-ROYAL, GALERIE D'ORLÉANS, 7.

1846

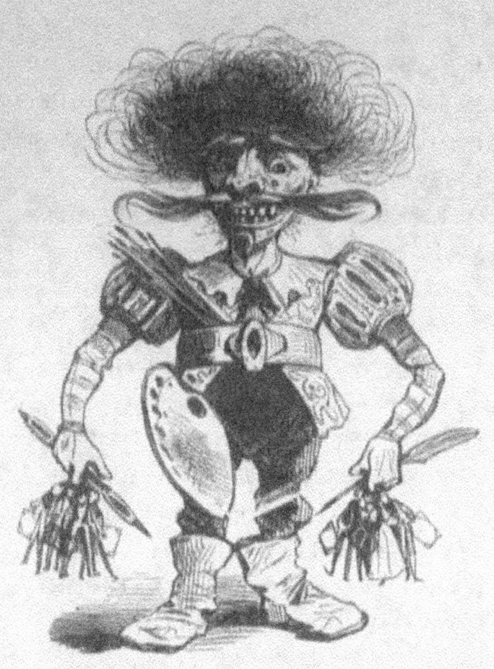

LE PROLOGUE.

C'est moi, messieurs, qui suis le terrible Prologue [1],
Cicérone effroyable, et taillé comme un ogre ;
Je porte à chaque main, grimaçants et tordus,
Des trousseaux gémissants de peintres suspendus.
A voir mes dents en scie et mes mâchoires larges,
Vous diriez que je dois, dans mes cruelles charges,
M'abreuver de leur sang, Polyphème nouveau,

Et repaître ma faim du suc de leur cerveau.

Ma moustache et mon œil sont ceux d'un ogre ! En somme,

Pour comprendre combien au fond je suis bon homme,

Il suffit de jeter un coup d'œil attentif

Sur l'aspect malheureux de mon pourpoint chétif.

Mon habit est connu dans les foires publiques ;

Toutes mes armes sont des armes pacifiques,

Des plumes, des pinceaux, une palette ; aussi

Je suis, messieurs, de ceux que le sort sans merci

Force de provoquer un éternel délire,

Et de faire aux passants partager leur fou rire.

J'ai l'orgueil, tant je suis innocent et naïf,

D'amuser ceux-là même à qui mon crayon vif

Infligea le tourment de la caricature ;

Je veux que les pendards, pendus à ma ceinture,

Dénués de tout fiel comme de tout rancœur,

En rires éclatants désopilent leur cœur.

Oui, messieurs, suivez-moi sans nulle défiance,

Car je sais le moyen d'élargir votre panse,

Et crois que je ferai, je le dis entre nous,

Rire pour mille francs plutôt que pour vingt sous.

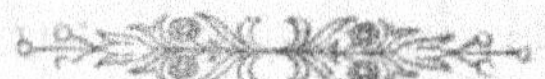

LE
SALON CARICATURAL
DE 1846.

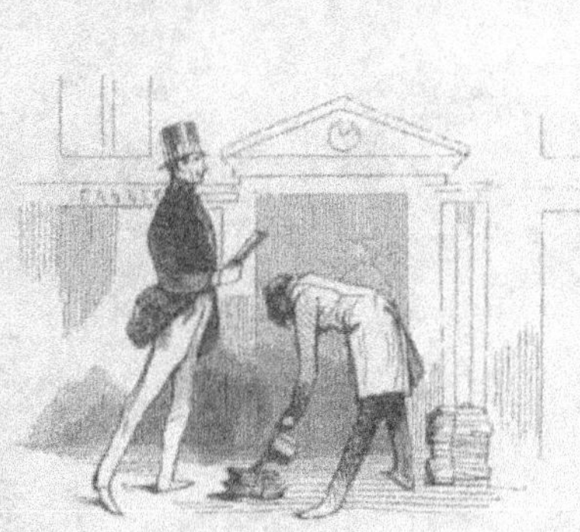

L'ÉDITEUR REMERCIANT L'ACHETEUR.

Ce monsieur décoré vient d'acheter mon livre!
C'est un homme estimable ou bien son crâne ment.
Je suis son serviteur! pour le prix d'une livre
   Il va s'amuser crânement.

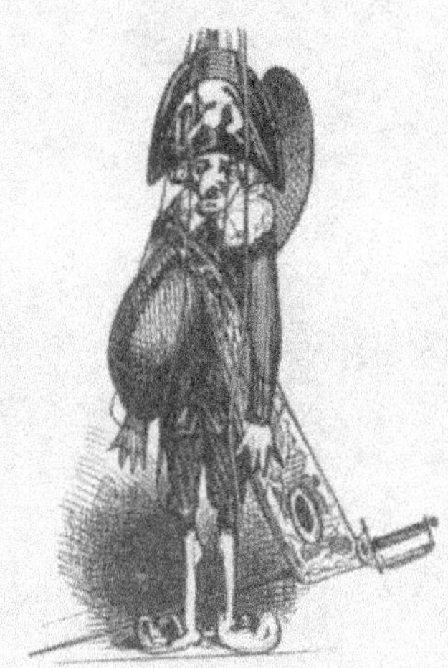

UN DESSOUS DE PORTE.

Complice du jury, ce superbe dauphin
Gambadait autrefois chez le sieur Séraphin.
Un rapin chevelu, formé chez monsieur Suisse,
Dit qu'on l'a fait venir d'Amiens pour être suisse.

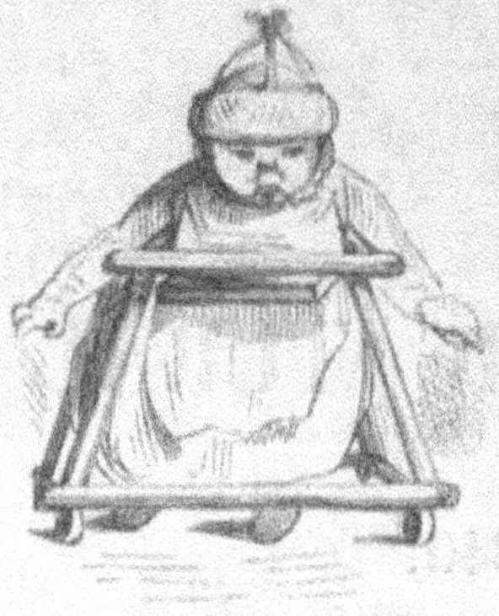

LA PRESSE.

Sous l'aspect virginal de ce marmot d'un an,
La critique à grands cris demande du nanan.

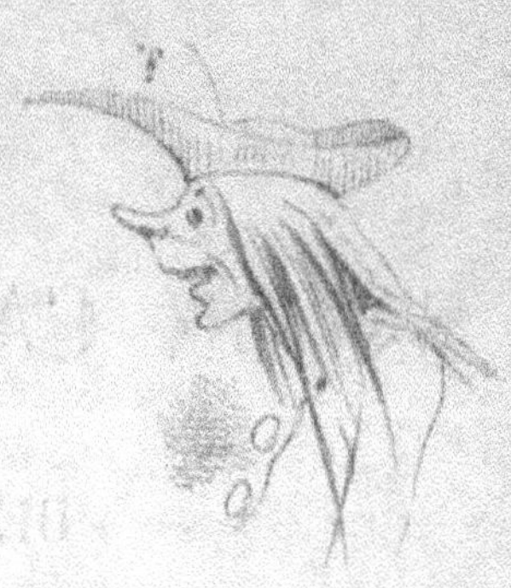

LE PUBLIC DE TOUS LES JOURS.

Ce jeune abonné de l'Époque
Trouve le salon fort baroque,
Ricane et souffle comme un phoque,
Et se fait ce petit colloque :
« Je crois qu' Arnoux bat la breloque! »

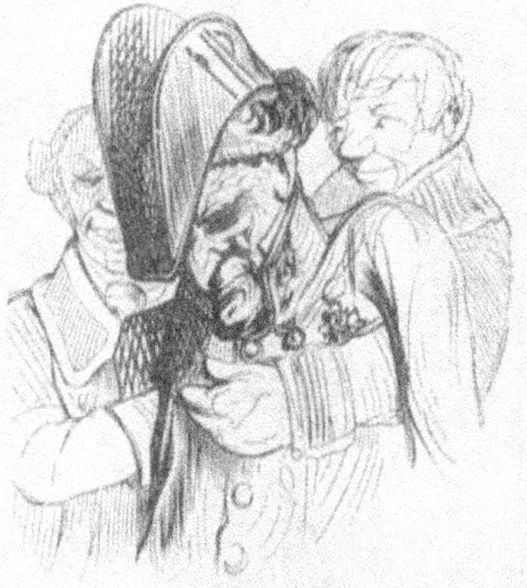

UN MEMBRE DU JURY.

Ce juré n'est pas mort, comme on pourrait le croire,
Malgré son faux palais fait en or niellé,
Malgré son œil de verre et son orteil gelé,
Malgré son nez d'argent et sa fausse mâchoire,
Il juge encore en corps la peinture d'histoire,
Grâce au rouage à vis caché par Vaucanson
Dans son gilet de laine et dans son caleçon.

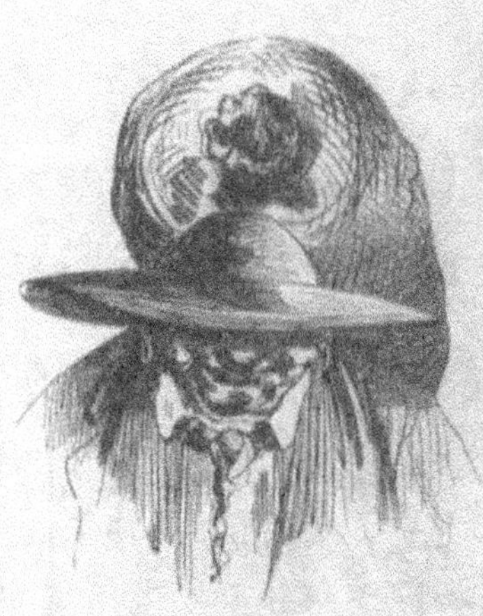

FOUCHTRA, PICTOR!

Granet fait au salon le beau temps et la pluie,
Le jury donne son appui
A ce tableau couleur de suie,
Charbonnier est maître chez lui.

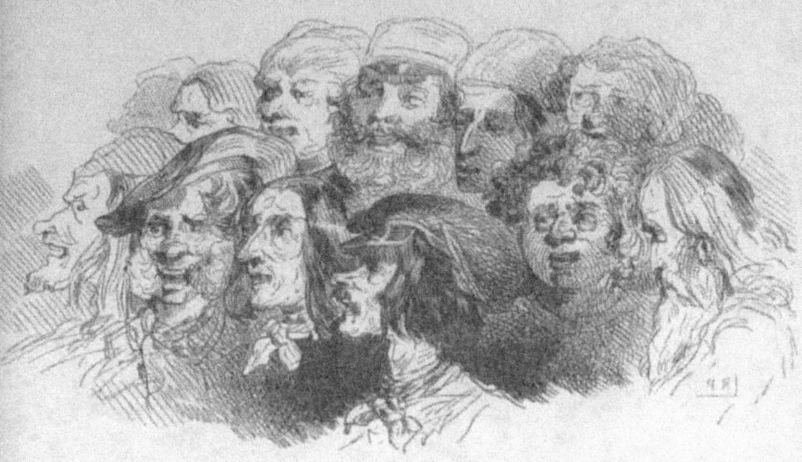

LES EXPOSANTS.

Plaignez ceux qui vont voir ces tableaux déplaisants,
Il s'exposent en outre à voir les exposants.

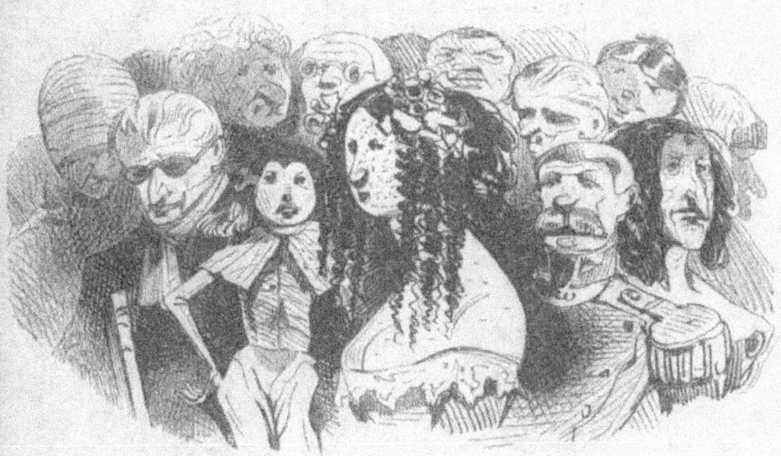

LES EXPOSÉS.

Ces gens que vous voyez s'avancer en escadres,
Ce sont les exposés avec tous leurs plumets.
    Ils viennent de quitter leurs cadres.
    Puissent-ils n'y rentrer jamais !

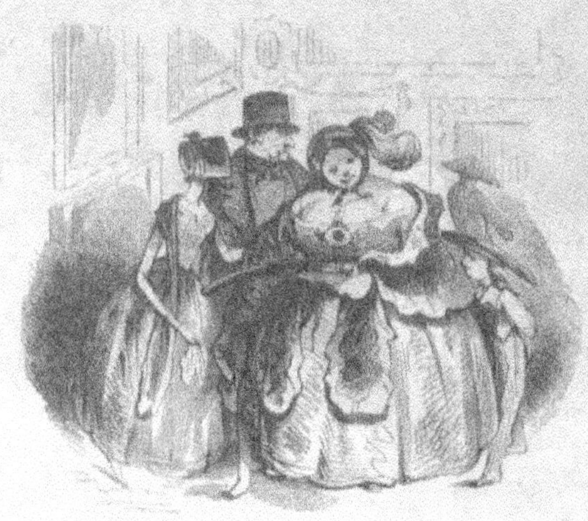

LE PUBLIC DES JOURS RÉSERVÉS.

A Paris ces gens-là vivent gras et choyés ;
Pour leur laideur à Sparte on les eût tous noyés.

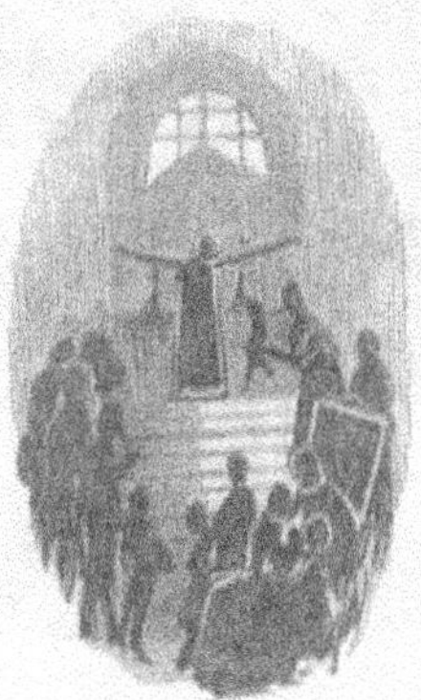

AU CHAT BOTTÉ.

Voulez-vous de Granet acquérir le talent ?
Un peu de cirage et de blanc,
Et vous ferez très-ressemblant.

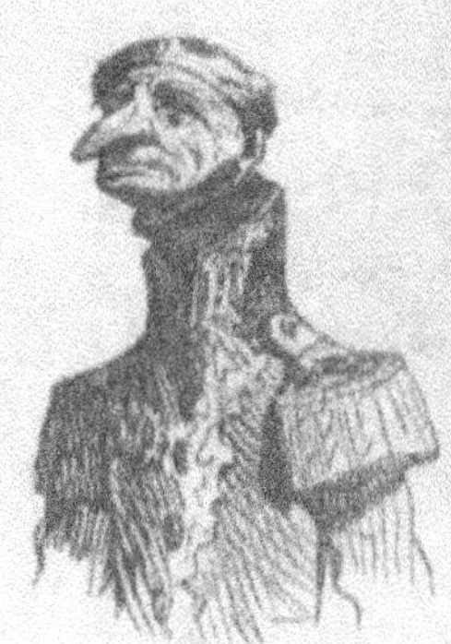

UNE ILLUSTRE ÉPÉE.

Digne des époques anciennes,
Ce héros criblé de douleurs
A défendu les trois couleurs :
Nous ne défendrons pas les siennes.

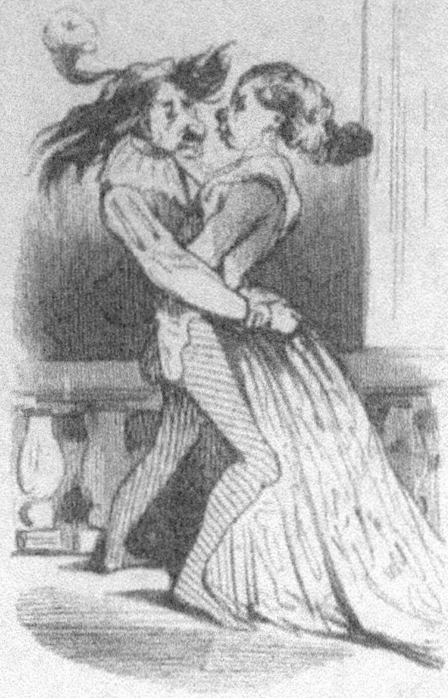

SÉPARATION DE CORPS.

Je ne puis m'attendrir aux pleurs de Roméo,
　　Sur son amante qui se vautre ;
Car ils ressemblent tant dans cet imbroglio
　　A des singes de Bornéo,
Que chacun devrait être heureux de quitter l'autre.

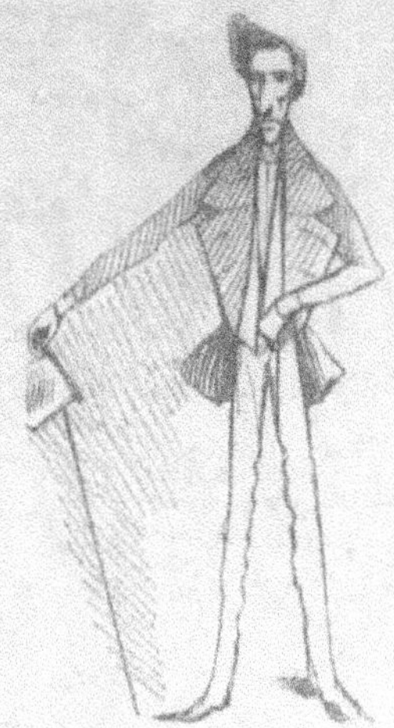

PORTRAIT DE M. G.
(Ressemblance peu garantie.

De monsieur Grassouillet naguère
On vantait les membres dodus ;
Mais, hélas ! tout passe sur terre
Aussi l'an prochain, je l'espère,
Mon Grassouillet ne sera plus.

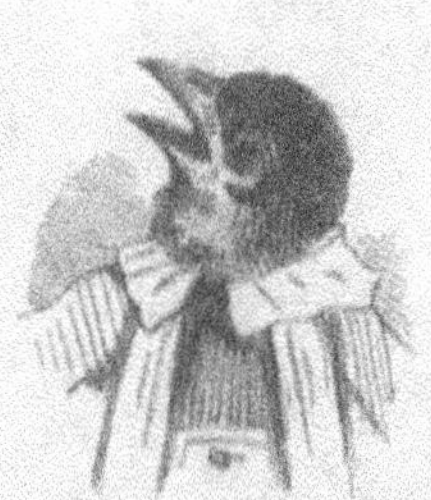

PORTRAIT DE M. DE L.

Ce serin qui va jusqu'à l'ut [1],
　Est-ce un ténor à son début,
　Ou bien un jeune substitut ?
　— C'est un membre de l'Institut
Qui donne le la sur son luth.

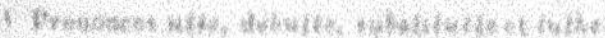

[1] Prononcez utte, débutte, substitutte et lutte.

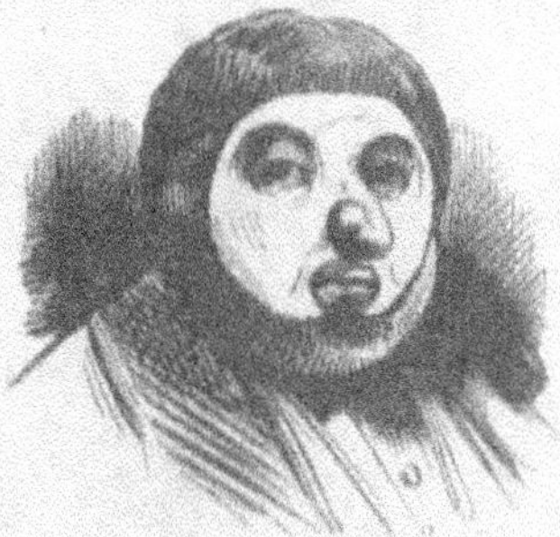

PORTRAIT DE M. DE C.

Celui qui verra ce front en vertue,
Ces naseaux vereux et cet œil vairon,
Se dira : Pourquoi lâcher dans la rue
Ce vieux sanglier né dans l'Aveyron,
Qui va devant lui flairant la chair crue !
Sans souffrir ainsi qu'il y badaudât,
On devrait manger sa chair incongrue
Du verrat dodu chez Véro-Dodat.

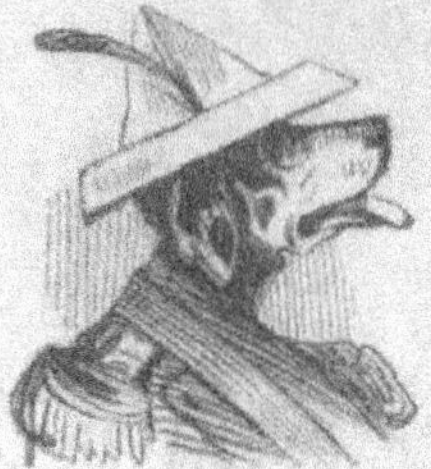

CORPS ROYAL D'ÉTAT-MAJOR.

(Musique des hirondelles.)

F. DAVID.

Ta niche qui me garde,
Auprès de mon bocal,
Le soir monte la garde
Bravement, comme un garde
National. *(ter.)*

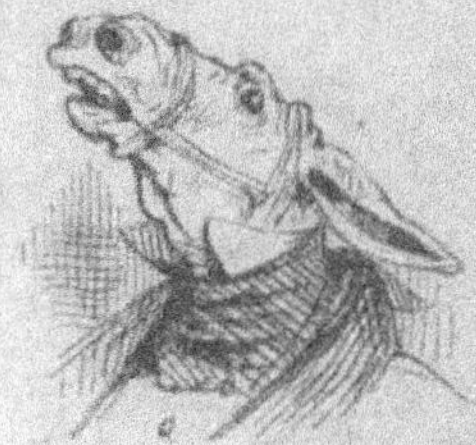

PORTRAIT D'UN PROFESSEUR.

Cet horrible baudet, dessiné non sans chic,
Jouit du noble privilége
De brouter, après l'heure où finit son collége,
Les chardons de *l'Esprit Public.*

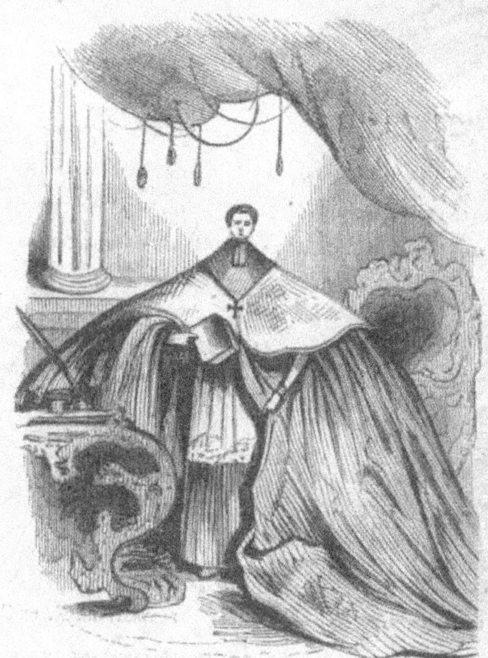

UN MONSEIGNEUR.

Admirez ce pasteur au milieu de sa cour,
Et le flot de satin qui sur ses jambes court
Comme un paon orgueilleux qui court dans une cour.
Hélas ! ce grand prélat, — car tout bonheur est court,
— Mourut de désespoir d'être un homme de Court.

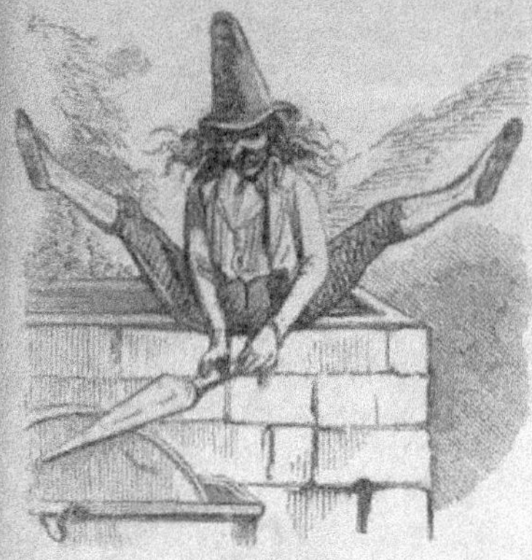

SYMPTÔMES DE VENGEANCE.

C'est d'un Italien la mine meurtrière.
Il voudrait se venger; tremblons et filons doux :
Il peut nous assommer d'un seul coup, vertu choux !
    Avec ses pattes de derrière.

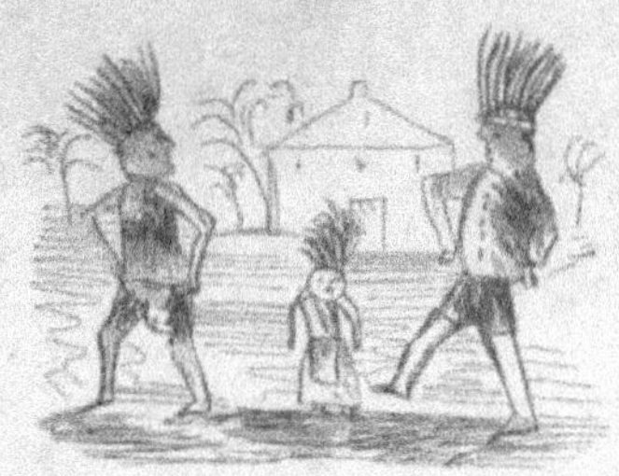

PEINTURE OFFICIELLE.

Admirez le début d'une brosse en bas âge !
Il n'avait pas cinq ans qu'au sortir de sevrage
Le jeune Raimon fils, épris de l'art nouveau,
Fit ce chef-d'œuvre épique, imité de *Nousveau*.

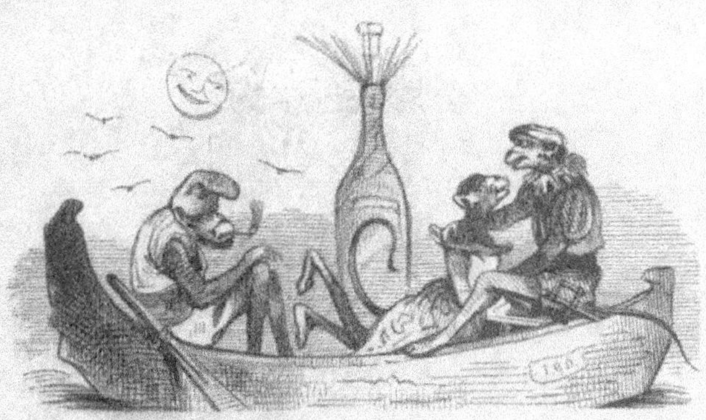

PEINTURE AQUATIQUE.

Ils ont l'air chagriné, dans cette nuit de Naple,
Comme s'ils entendaient le baryton Canaple.

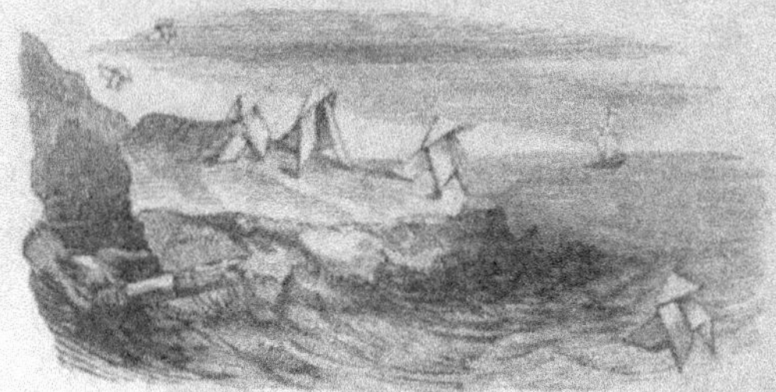

GUDIN.

Les pingoins de Gudin étaient des galiotes,
Mais le petit Gudin en a fait des cocottes.

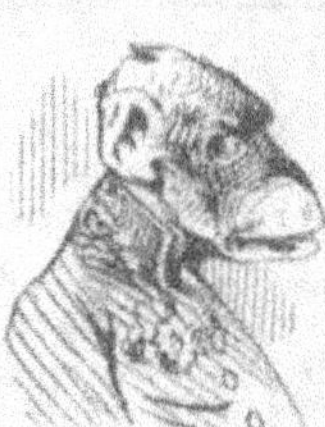

PORTRAIT DE M. LE COMTE DE M.

Cet homme décoré, dont la cervelle est plate,
N'est pas un singe vert : c'est un grand diplomate.

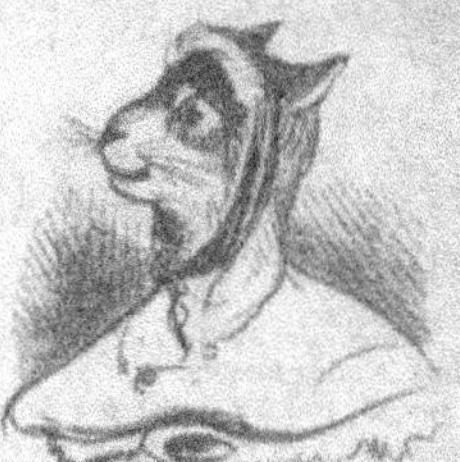

ANNONCE-OMNIBUS.

Mademoiselle Ida,
12, — place Bréda.

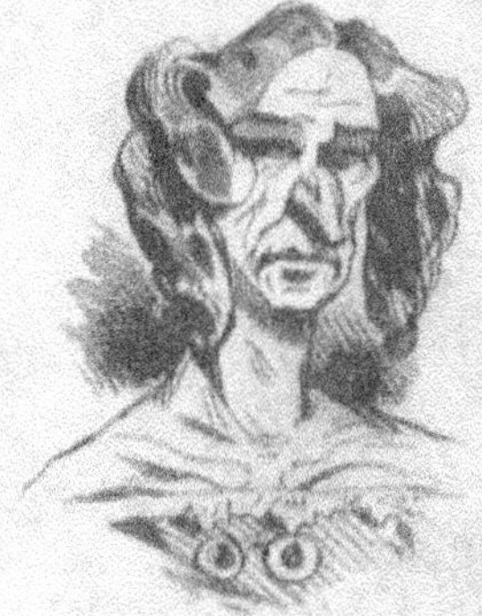

MADAME LA COMTESSE DE L.

(Vieux appas, vieux galons !)

Ce vieux morceau de parchemin,
Qui n'a plus rien de la nature,
Est bien l'exacte portraiture
Du noble faubourg Saint-Germain.

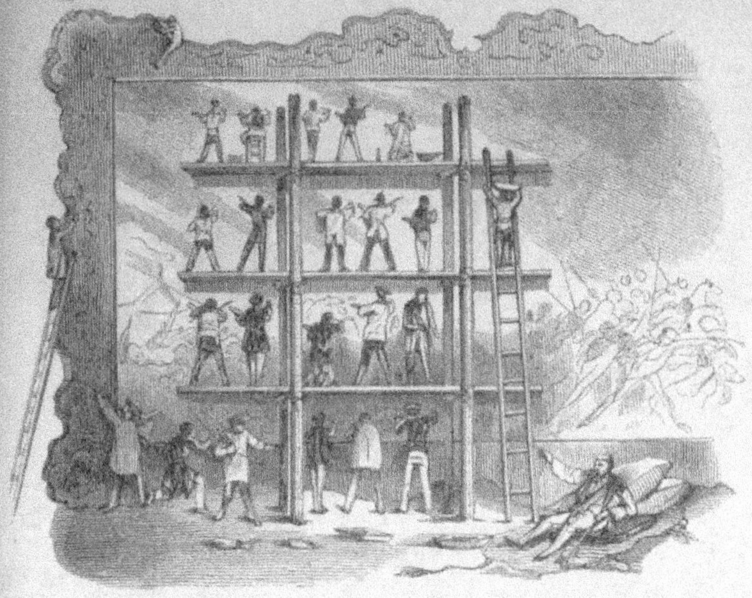

PIÈCES DE TOILE.

(Prise de la Smala.)

Pour produire par an mille pieds de chefs-d'œuvre.
Que faut-il ? de l'aplomb et cinquante manœuvres.

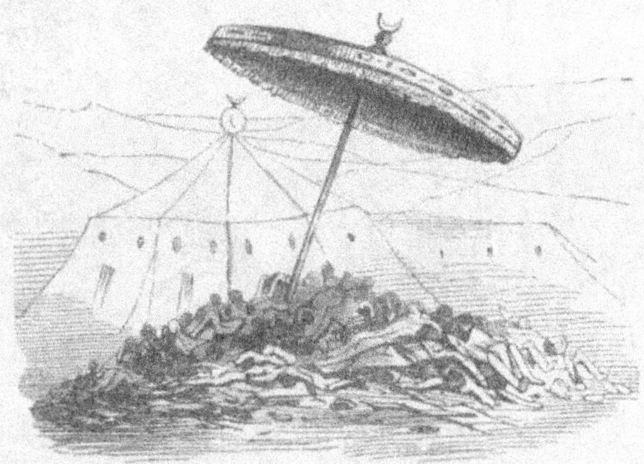

TRIOMPHE DE LA MAISON CAZAL.

(Prise de la Smala.)

A l'ombre d'un riflard que le sommeil est doux !
Tous les Français sont morts : la victoire est à nous!

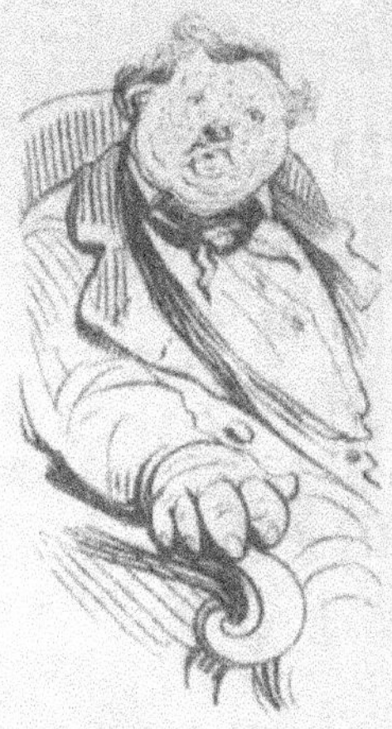

UN PROPAGATEUR DU VACCIN.

Ce gros monsieur grêle pose comme Narcisse,
Et chacun de ses doigts a l'air d'une saucisse.

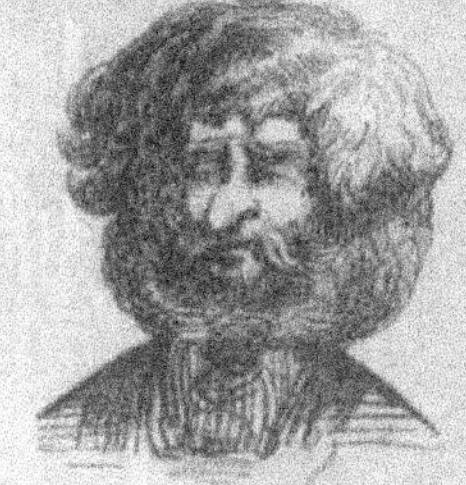

CHEVEUX ET FAVORIS.

Ce n'est pas un brigand pervers [1],
Ce n'est pas non plus monsieur Herz.

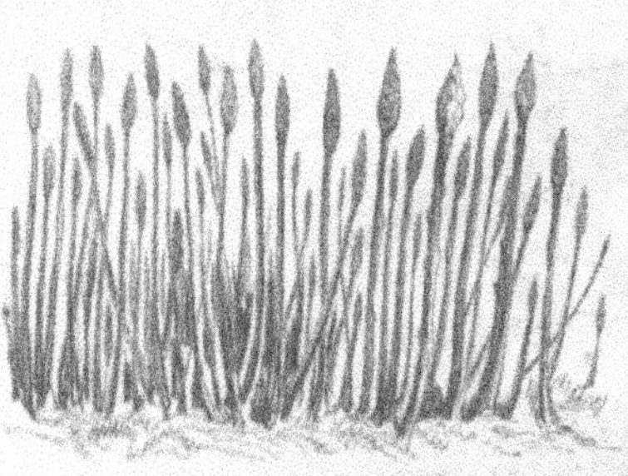

FORÊT VIERGE.

En peignant ces bouleaux pareils à des asperges,
L'auteur pour le fouetter nous a donné des verges.

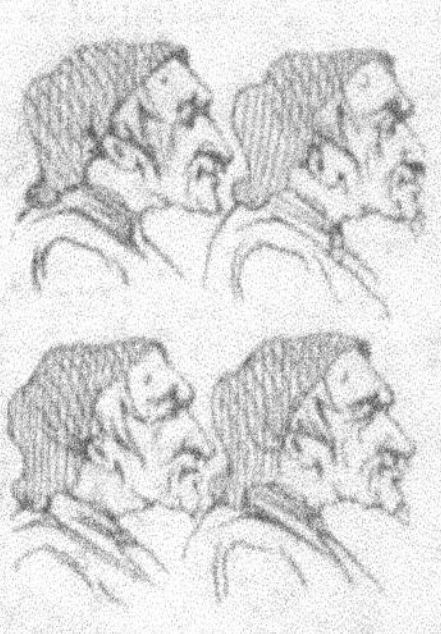

LA NOTE DE BILBOQUET.

L'amour et la science, autour de nous tout change ;
Tout change, et Chenavard succède à Michel-Ange ;
Et depuis quarante ans tout en France a changé,
Excepté le dessin de monsieur Bellangé.

[1] Prononcez pervers.

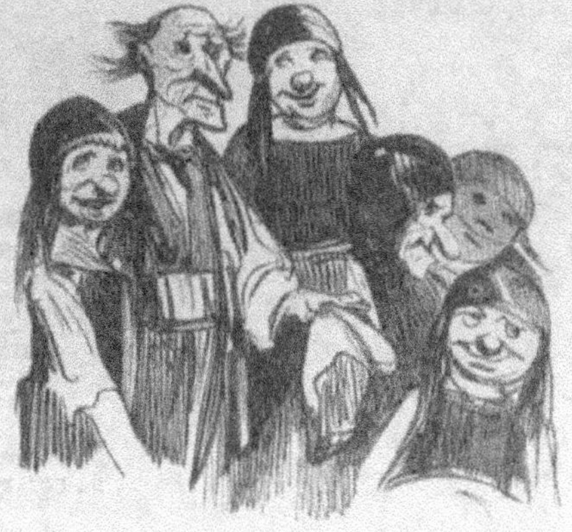

PAUVRE FAMILLE !

La pauvre famille en prières
Pousse un triste miaulement.
A les voir, on ne sait vraiment
Si leurs devants sont des derrières !

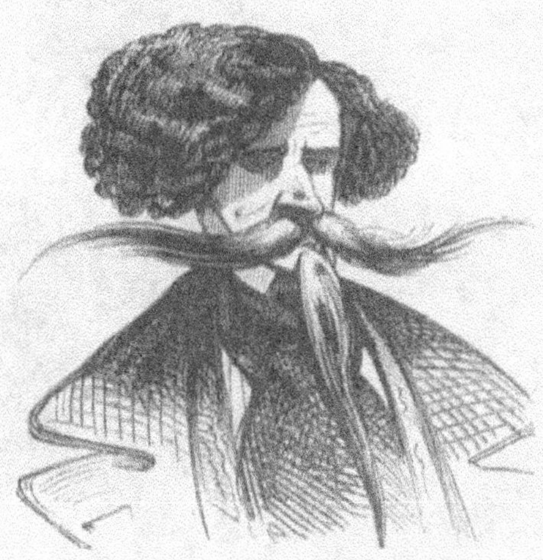

UN PARFAIT GENTILHOMME.

Ceci n'est pas un pantin ;
C'est un gentilhomme en chambre,
Fort au pistolet, et membre
Du jockey-club de Pantin.

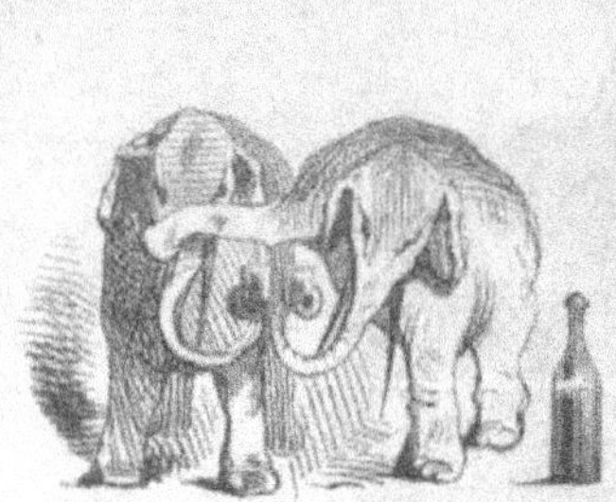

ENTREVUE D'HENRI VIII ET DE FRANÇOIS 1er.

Ces princes sont ventrus comme Lepeintre jeune ;
On dirait, tant leur mine est exempte de jeûne,
Tant ils ont l'air repu des bourgeois d'Amsterdam,
Deux éléphants venus du pays de Siam.

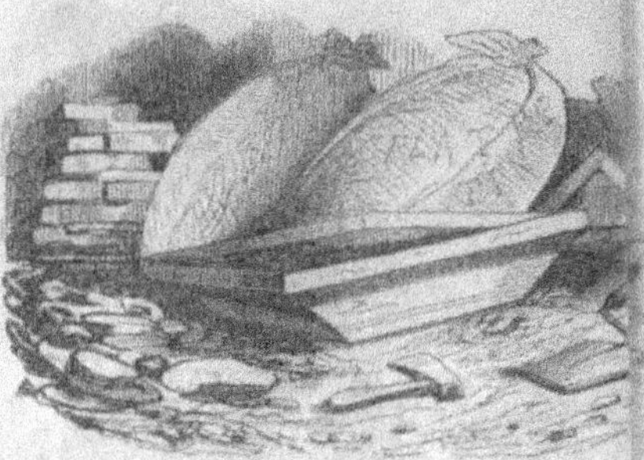

L'ATELIER DE DECAMPS.

Des briques, des cailloux, du plâtre, une truell
        Une hache, une demoiselle,
Un marteau, des pavés, une pince, des clous,
Pour peindre l'Orient tels furent les joujoux
        De ce peintre à l'âme cruelle !

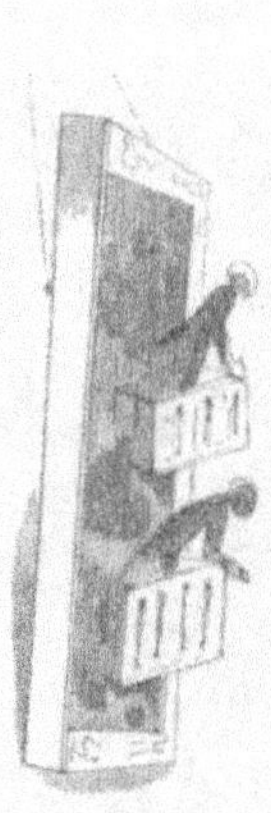

PROFIL PERDU.

En vain les chenavards s'acharnent sur Decamps ;
        Il aura toujours, quoi qu'on fasse,
Un mérite de plus que tous nos fabricants :
Ses tableaux se voient mieux de profil que de face.

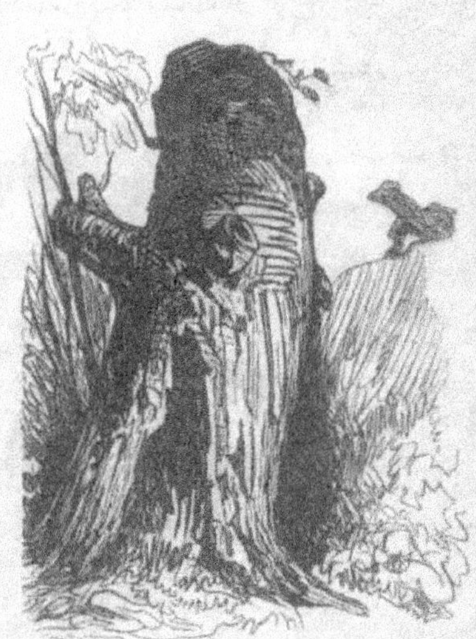

RETOUR DU BERGER.

Dans ce pays sauvage et sous ce ciel à franges,
Sans doute les esprits le soir dansent en rond.
Tandis que Delacroix fait des femmes oranges,
Faut-il donc que ton pâtre, ô Decamps ! soit si tra

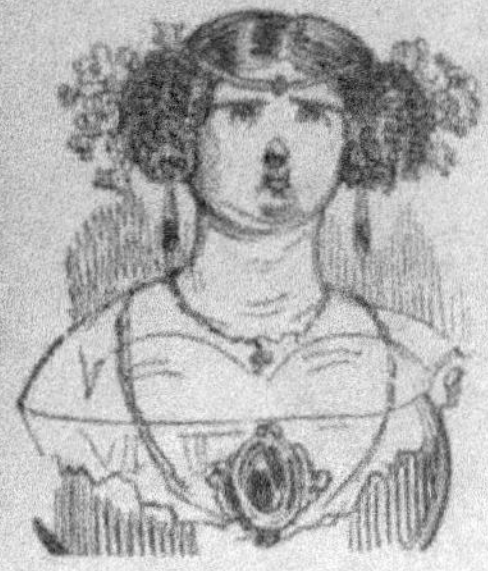

UNE FEMME FORTE.

(Madame la baronne de K.)

Un peintre trop épris de la célèbre George
Peignit en chrysocale et cet effet de gorge.

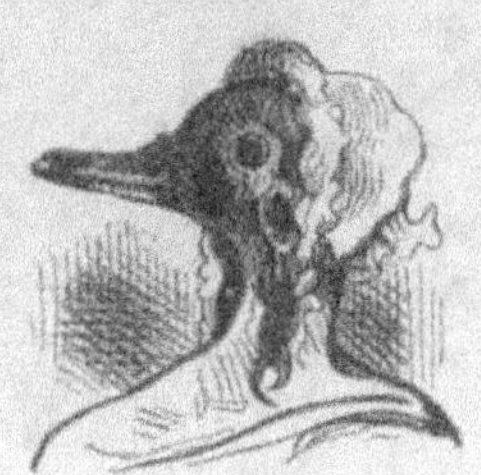

BUREAU DES CANNES.

(Mademoiselle S. de L.)

Un canard fit ici le portrait de sa cane.
Cela coûte cinq francs : c'est le prix d'une canne.

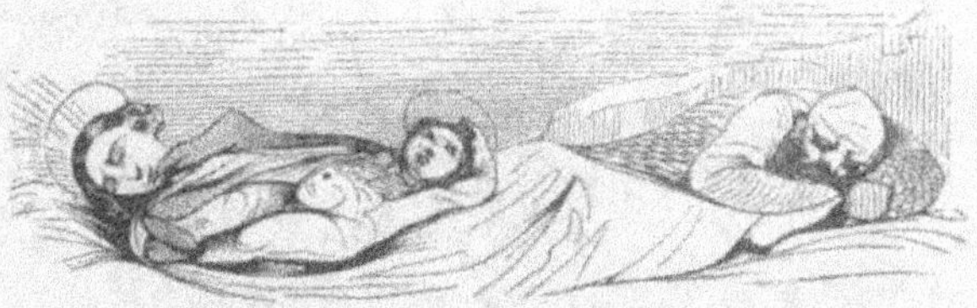

LE REPOS DE LA SAINTE FAMILLE.

Pour le pauvre Dévéria,
Qu'un sort fatal avaria
Et que Gannal pétrifia,
Alleluia !

(Au désert enflammé, tête bêche et pieds nus,
Ils dorment dans les feux des sables inconnus.
On n'y rencontre, hélas ! ni savon ni cuvettes ;
Où laveront-ils leurs chaussettes !
SAADI. Orientales.)

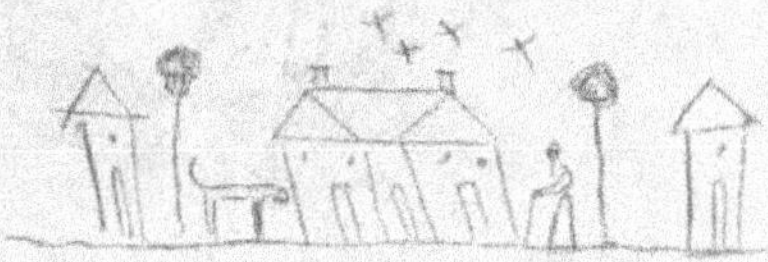

PROJET D'UN MUSÉE

Ce palais et ces murs, d'ordonnance suspecte,
Ont hélas ! beaucoup moins d'aplomb que l'architecte.

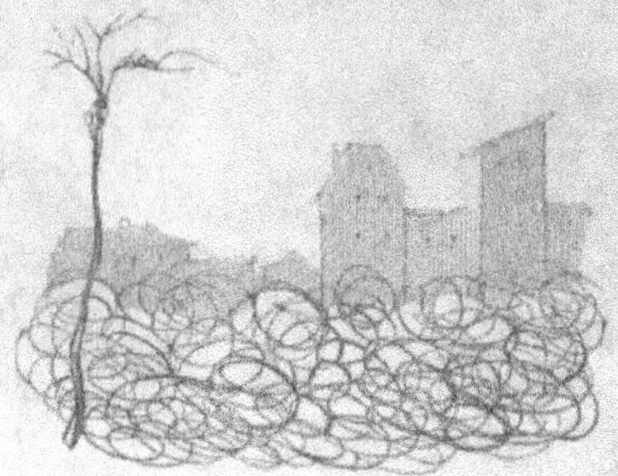

LE MARDI-GRAS SUR LE BOULEVARD.

Pareil aux songes creux d'un phalanstérien,
Ce fouillis de chapeaux, de bonnets et de casques,
De tifis et de bergamasques,
Tout ce déguisement de mannequins fantasques
Est si bien déguisé que nous n'y voyons rien.

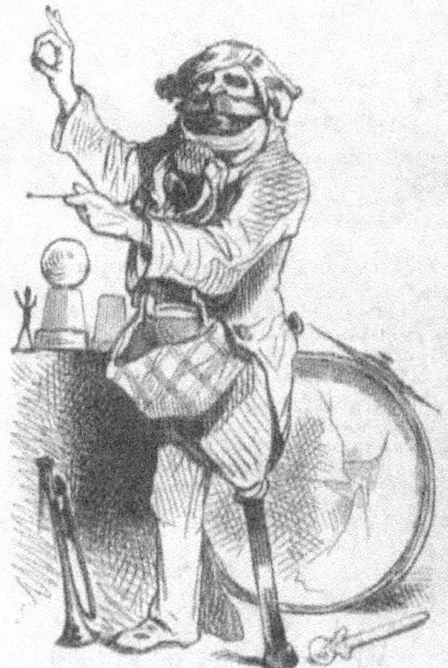

FI! DIAZ.

Le grand Diaz de la Pègra
Chez le soleil se renseigna ;
Puis il lui prit un grand rayon
Qui maintenant sert de crayon,
Au grand Diaz de la Pègra.

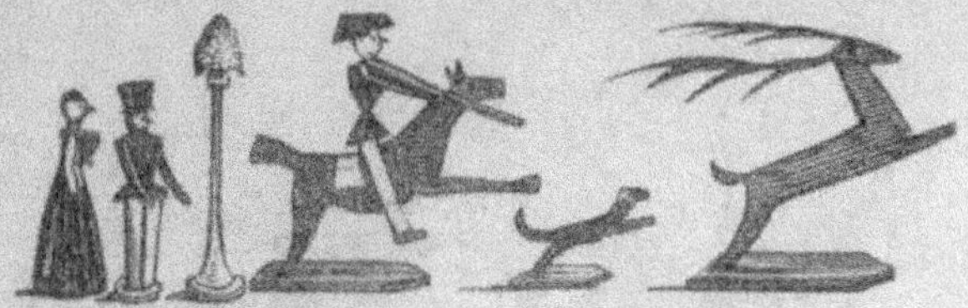

CHASSE A COURRE SOUS LOUIS XV.

BALLADE

Au fond du bois
Le ciel flamboie,
La meute aboie;
Piqueurs, hautbois,
Cerf aux abois,
Tout est en bois!

Ces juments rose-pâle, à peine dégrossies,
Sont d'Alfred (dit de Dreux), et non pas d'un rapin.
Pour la forme, ce sont des chiffons de vessies;
Ce sont pour la couleur des joujoux de sapin!

Au fond du bois
Le ciel flamboie, etc.

GUERT. (Odes et ballades.)

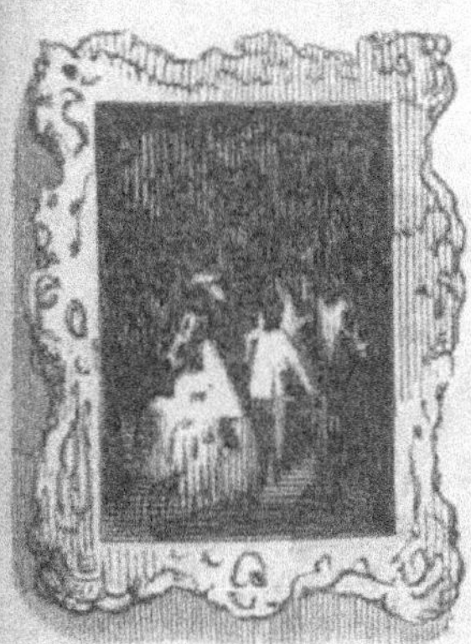

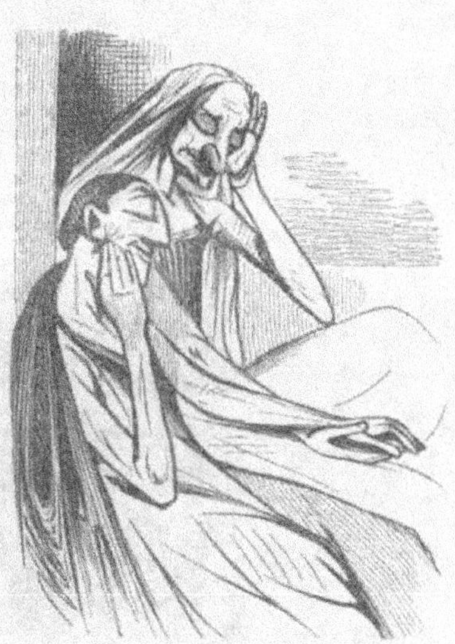

PINTURA MORESCA.

Ce cadre est en cheveux. Celui qui les peigna,
Un coloriste adroit, Diaz de la Peña,
Est Espagnol, j'en crois son accent circonflexe;
Mais quant à son tableau, j'en ignore le sexe.

SAINT AUGUSTIN ET SAINTE MONIQUE.

Ces saints, qui regardaient les cieux calmes et doux,
Ont laissé retomber leurs têtes engourdies.
Sans doute dans les airs quelque démon jaloux
Leur récitait des tragédies.

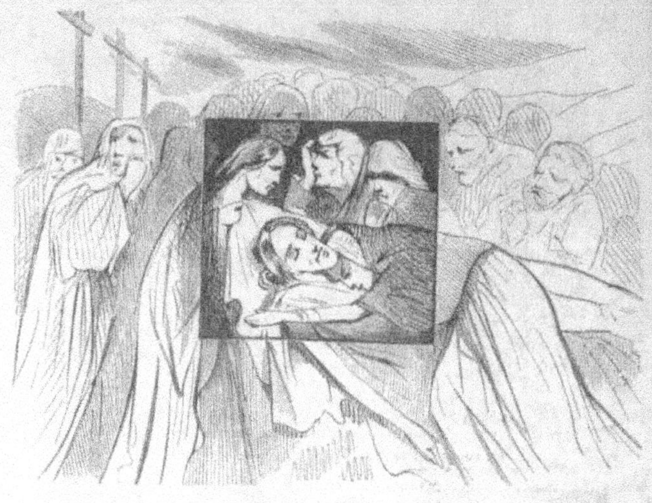

LES SAINTES FEMMES.

(Tableau-feuilleton.)

Ary Scheffer, cet artiste modeste,
N'expose ci-dessus que le quart d'un tableau.
Nous avons, achetant à grands frais tout le reste,
Reconstruit son Christ au tombeau ;
Mais, voyez la chance funeste!
De ces pauvres estropiés
Nous n'avons jamais pu nous procurer les pieds.

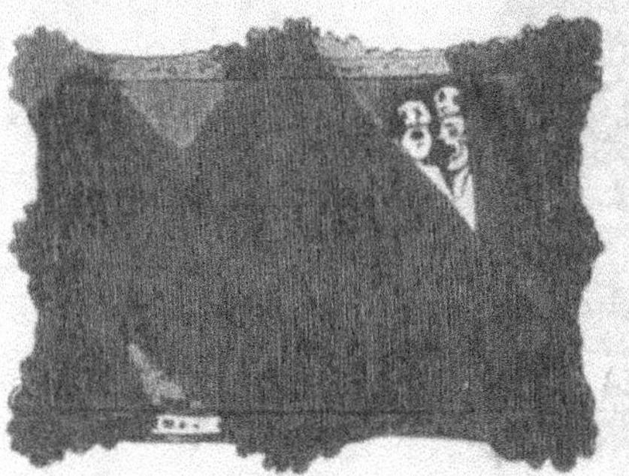

UN TABLEAU MAL ÉCLAIRÉ.

Sur cette toile en deuil, qu'on eut soin de vernir,
Ma chère Anne, ma sœur, ne vois-tu rien venir!

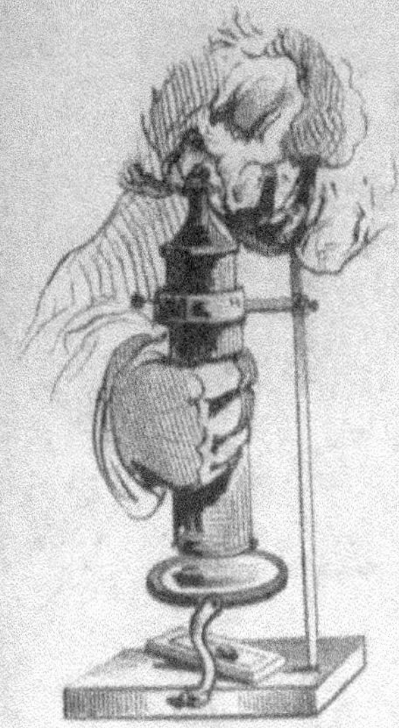

INVISIBLE A L'ŒIL NU.

Nous avons entendu maint polisson nier
La présence au Salon du fin Meissonier.
Il suffit, pour percer l'ombre qui l'enveloppe,
    De recourir au microscope.

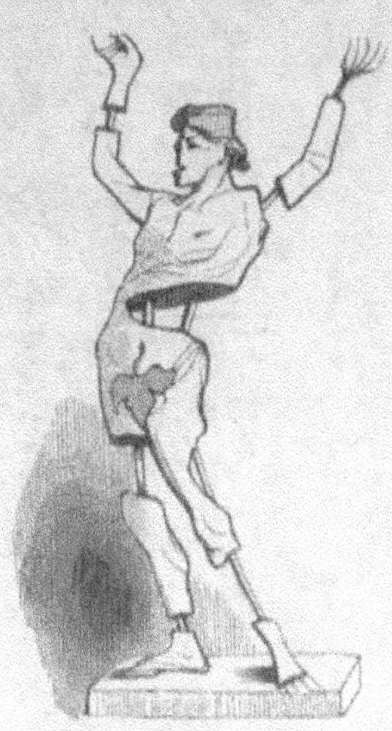

OSTÉOLOGIE.

En voyant s'écorner ces tessons attristants,
Le public dit en chœur : Dans cet amphithéâtre
Quel bonheur qu'on ait fait ce grand bonhomme en plâtre !
Sans cette circonstance il eut duré longtemps !

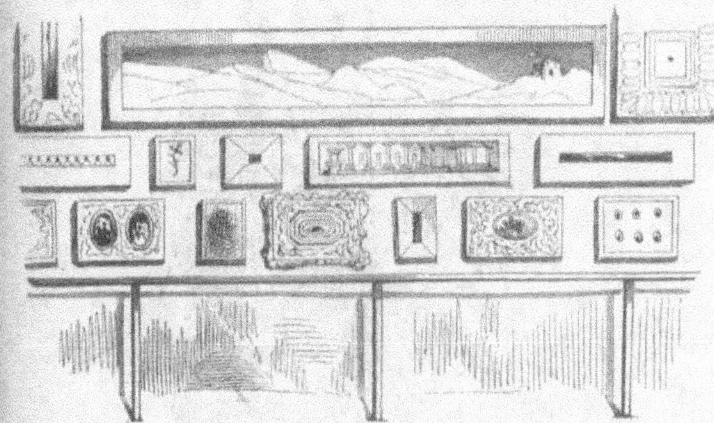

LA GALERIE D'APOLLON UN JOUR DE FOULE.

Cherchez dans ce désert un remède à vos maux ;
    On y rencontre des chameaux.

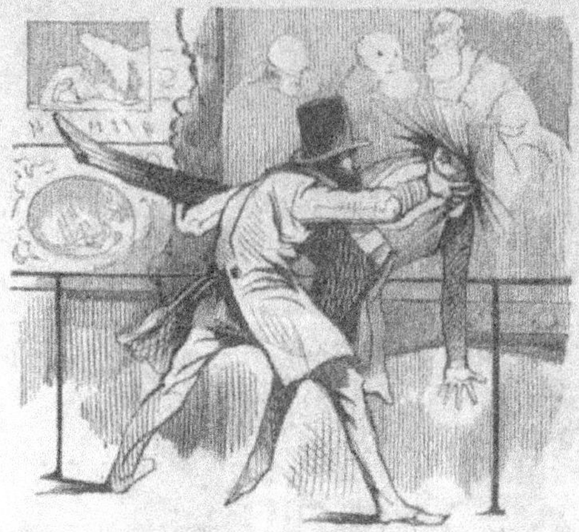

UN PEINTRE TRÈS-FORT.

Ce peintre n'a pas pu convaincre de sa force
Certain critique sourd, hurlant avec les loups ;
La tête la première, il l'entre dans un torse
Du barbouilleur voisin dont il était jaloux,
Et fait, par ce moyen, d'une pierre deux coups.

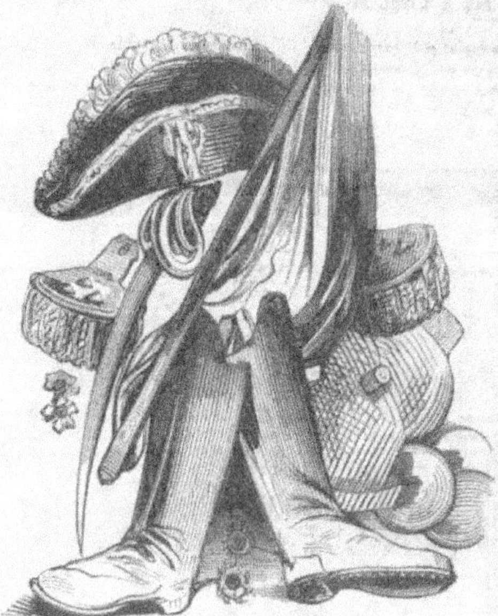

LA GARDE MEURT !

Cambronne à l'ennemi poussa de telles bottes,
Qu'il ne reste de lui qu'un tricorne et des bottes.

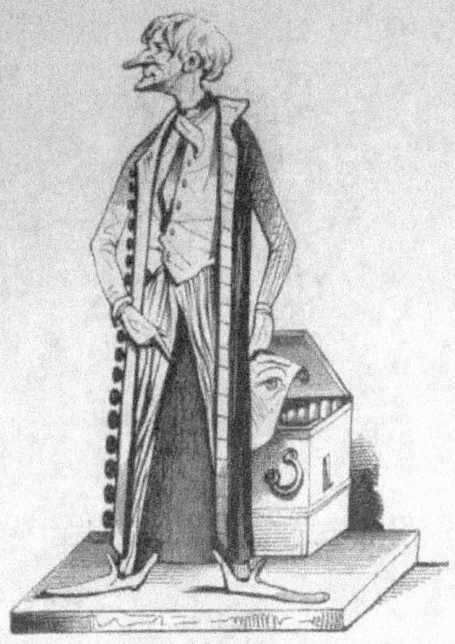

VIVE LA LITHOGRAPHIE!

Aloïs, inventeur élégiaque et morne
De la lithographie et des boutons en corne.

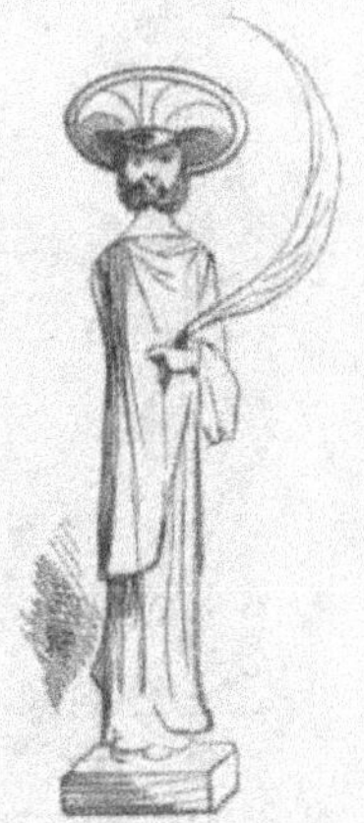

TROIS COUPS POUR UN SOU!

C'est un petit bon Dieu de plâtre,
Dont la tête porte nu emplâtre.

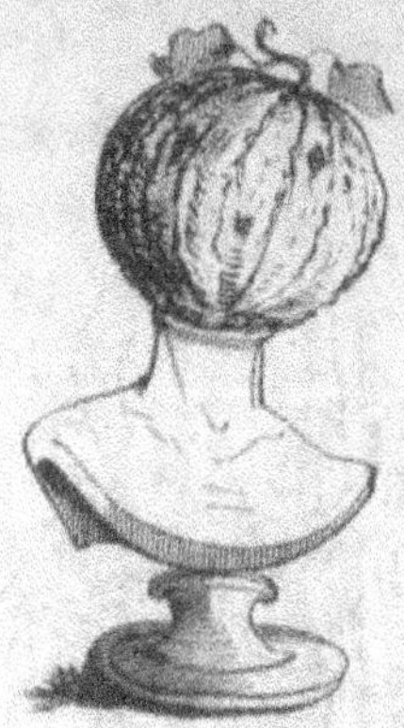

MONSIEUR O.

(L'auteur consciencieux de cette bonne boule
Tient citrouilles, panais, carottes et citrouille.)

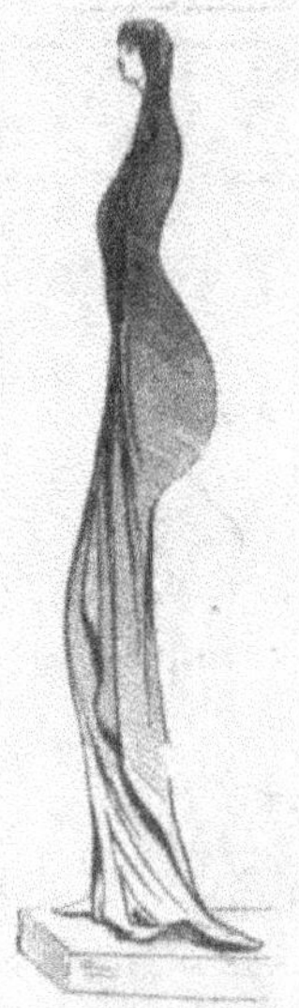

BOIS DONT ON FAIT LES VIERGES.

Pour nommer ceci bûche il suffit qu'on le voie;
Cent comme celle-là font une demi-voie.

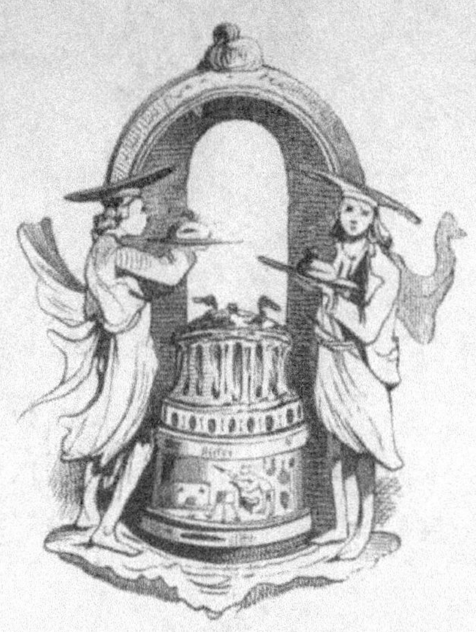

MONUMENT EXPIATOIRE,

A deux canards assassinés
Ces marbres blancs sont destinés.
Une nuit, aveuglé par les dieux implacables,
Et par un billet de cinq cents,
Un sacrificateur pour des perdreaux coupables
Égorgea ces deux innocents.
Un ancien bas-relief, trouvé dans une armoire,
De ce forfait affreux nous garde la mémoire.

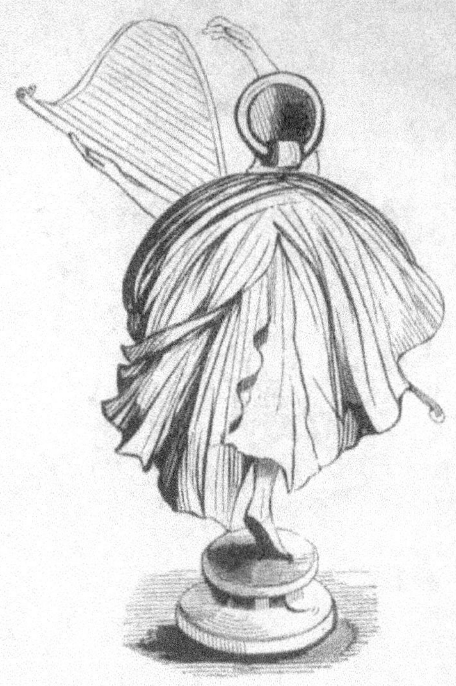

LA POÉSIE LÉGÈRE.

Cette lyre en Ruolz et ce marteau de porte
Pèsent de tout leur poids sur ce manteau léger ;
Je ne veux pas de mal à celle qui le porte,
Mais je lui dirais zut s'il fallait m'en charger.

ÉPILOGUE.

A l'an prochain, messieurs !

                   Je clos mon catalogue.

Vous m'avez déjà vu sous forme de prologue ;

J'apparais maintenant en épilogue, et si

J'ai dans tous mes desseins pleinement réussi,

Souffrez que je vous quitte et que je me transporte

Vers le public nouveau qui se presse à la porte,

Et qui, se méfiant d'un livret erroné,

Va me choisir encor pour son cicérone.

Dieu veuille qu'en un an je me perfectionne !

J'ai tenu mes serments ; je n'ai mangé personne.

Or, ne me traitez pas de tigre ou de pourceau

ÉPILOGUE.

Si j'ai par maladresse emporté le morceau.
Je me suis efforcé d'avoir, en quelques pages,
Plus d'esprit, de talent, plus de verve et d'images
Qu'il n'en faut pour toucher le plus rogue lecteur.
Adieu donc! pardonnez les fautes de l'auteur.

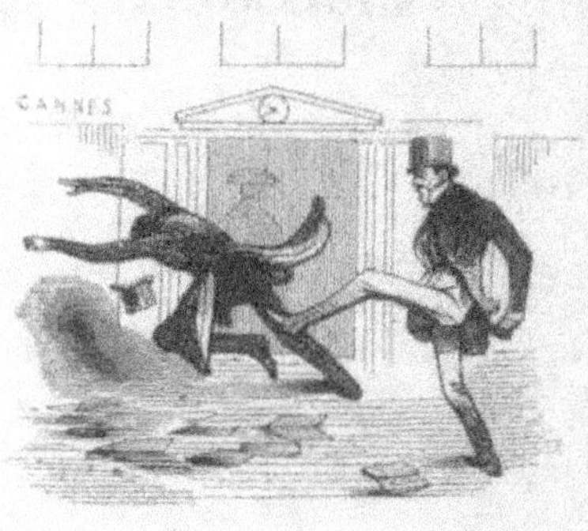

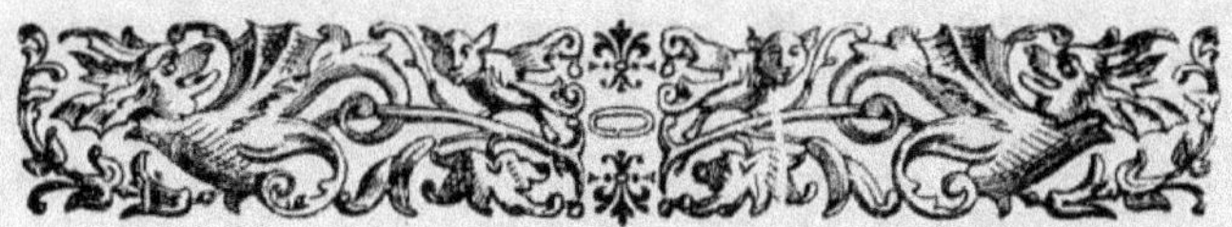

DÉSIGNATION

PORTRAITS ANCIENS

1 — ALLAIS. 1752. *Portrait d'homme.*

2 — ALLIX. *Portraits de Mirabeau, Buffon, Bailly.* (Gravures en couleurs.)

3 — AUBRY (Attribué à). *Portraits d'une famille, époque de la Révolution.*

4 — BEAUBRUN. *Portrait de jeune dame en costume de cour.*

5 — BOILLY (Attribué à). *Quatre petits portraits, Famille d'un gouverneur de la Martinique.* (Epoque de Louis XVI).

6 — BOUCHER (Attribué à). *Portrait présumé de l'artiste (jeune).*

7 — BRONZINO (d'après). *Portrait d'un gentilhomme en armure.*

8 — CARMONTELLE. *Portrait présumé de Danton.*

9 — CHARDIN (Ecole de). *Portrait de femme.*

10 — CHERFILS. 1740. *Portrait d'un gentilhomme.* Pastel signé et daté. Cadre bois sculpté.

11 — COYPEL. *Madame de Parabère.*

12 — DAVID (Ecole de). *Portrait d'un écrivain.* Cadre bois sculpté.

13 — DE LATOUR (D'après QUENTIN). *Portrait de Mlle de Mondouville, musicienne.* Pastel.

14 — DE LATOUR (D'après QUENTIN). *Portrait de Mlle de Van Zuylen.* Pastel.

15 — DELAFOSSE. *Portrait d'une dame en Diane chasseresse.*

16 — DEVERIA (Attribué à). *Portrait d'un page.*

17 — DROLLING. *Portrait d'enfant.*

18 — FAVRAY (le chevalier ANTOINE de). *Portrait d'homme.* Cadre bois sculpté.

19 — FRANS HALS (Ecole de). *Vieille femme.*

20 — GÉRARD (le Baron, attribué à). *Portrait de femme.*

21 — GÉRARD (le Baron, attribué à). *Portrait de femme.*

22 — GÉRARD (le Baron, attribué à). *Portrait d'un pair de France.*

23 — GRIMOUX (Attribué à). *Tête d'enfant.*

24 — GROS (Attribué au Baron). *Portrait d'un officier de la Garde Impériale.* Cadre bois sculpté.

25 — GUÉRIN (Attribué à). *Portrait d'un général de l'Empire.*

26 — GUÉRIN. *Portrait de femme.*

27 — HEINS (J.). (Éc. ang.). *Portrait d'homme.*

28 — HEINSIUS (Attribué à). *Portrait de M. Cadet Blaze.*

29 — HEINSIUS (Att. à). *Portrait de jeune femme* Cadre bois sculpté.

30 — HEINSIUS (Genre de). *Portrait de femme.*

31 — ISABEY (Ecole de). *Portrait d'homme.* Miniature.

32 — JAZET. *Portrait du peintre David.* Gravure.

33 — JEAURAT (Attribué à ETIENNE). *Portrait d'homme.*

34 — LACROIX (P.). *L'Artiste par lui-même.*

35 — LARGILLIÈRE (D'après). *Portrait du duc de la Châtre.*

36 — LEBRUN (Attribué à). *Portrait d'un abbé de cour.*

37 — LeLY (Sir PETER, Atttribué à). *Portrait d'homme.*

38 — LEPRINCE (Genre de). *Portrait d'homme*
Cadre bois sculpté.

39 — LESSELINE (1771). *Portrait d'homme.*
Cadre bois sculpté.

40 — MAAS (Ecole de NICOLAS). *Portrait d'un magistrat.*

41 — MENGS (RAPHAEL). *Portrait d'un prélat.*

42 — MIEREVELD (Attribué à). *Portrait de Guillaume, prince d'Orange Nassau.*

43 — NATTIER PÈRE (Attribué à). *Portrait d'une jeune femme.*

44 — NETSCHER (Ecole de). *Portrait de femme.*

45 — NETSCHER (Attribué à Constantin). *Portrait d'une dame de qualité.*

46 — OPIE (Ecole de). *Portrait de Sir Charles Sedley-Baronet.*

47 — PALAMÈDES (Antoine, 1660). *Portrait de l'échevin Thomas Vinck.* Signé à droite. Provient de la collection du comte Nahuys, de Bruxelles.

48 — POURBUS (Att. à). *Portrait d'Henri IV.*

49 — PRUD'HON (Attribué à). *Portrait présumé de Marat.*

50 — RAOUX (Ec. de). *Je une femme au masque.*

51 — RIGAUD (Ecole de H). *Portrait d'un magistrat.*

52 — RIGAUD (Ecole de H.). *Portrait d'homme.*

53 — ROODT (G. 1653). *Portrait d'une dame hollandaise.*

54 — ROSLIN. *Portrait d'homme.*

55 — SAAVEDRA (Attribué à A.). *Portrait d'un écrivain.*

56 — THIBOUST. *Portrait de l'avocat Roussel de Lille.* Dessin.

57 — TOCQUÉ. *Portrait d'un gentilhomme.*

58 — TOCQUÉ (Attribué à). *Portrait de jeune femme.*

59 — TOURNIÈRES (Attribué à). *Portrait du comte de la Vertamine.*

60 — TOURNIÈRES (Attribué à). *Portrait du grand Dauphin.*

61 — TISCHBEIN (Attribué à). *Portrait d'un ambassadeur.*

61 *bis* — TREVISANI (F.) *Portrait d'ecclésiastique.*

62 — VAN DER HELST (Attribué à B.).
Portrait d'un vieillard.

63 — VAN DYCK (Ancienne copie d'après).
Portrait d'homme.

64 — VAN DIEPENBEECK (Attribué à). *Portrait d'un reitre.*

65 — VAN DEN EECKOUT (G.). *Portrait d'un Rabbin.*

66 — VAN LOO (Attribué à L.-MICHEL). *Portrait du duc de Choiseul-Pralin.*

67 — VAN LOO (L.-MICHEL). *Portrait de Philippe d'Orléans dit « Philippe Égalité ».*

68 — VERNET HORACE (Attribué à). *Portrait d'un colonel de la Garde Impériale.*

69 — VIGÉE-LEBRUN (D'après). *Marie-Antoinette et Louis XVI.* Deux pastels.

70 — VINCENT (FRANÇOIS-ANDRÉ). *L'Artiste peint par lui-même.* Daté de 1805.

71 — VIVIEN (Attribué à). *Portrait de M. de la Trémollière.*

72 — *Portrait de Georges IV, roi d'Angleterre.* Miniature.

73 — *Portrait de fillette.* Miniature. Cadre en or.

74 — *Portrait d'homme.* Epoque de Louis XVI. Miniature.

75 — *Portrait d'homme.* Epoque de la Révolution. Miniature.

76 — *Portrait d'un officier.* Miniature.

77 — *Portrait de femme.* Epoque de l'Empire. Miniature.

78 — ECOLE FRANÇAISE DU XVIII° SIÈCLE *Portrait d'homme.*

78 bis — ECOLE FRANÇAISE DU XVIII° SIÈCLE. *Portrait de Madame de Noailles.* (Cadre bois sculpté).

79 — ECOLE FRANÇAISE DU XVIIIe SIÈCLE.
Portrait de femme en Diane chasseresse.

80 — ECOLE FRANÇAISE (Ep. de Louis XVI).
Portrait d'homme.

81 — ECOLE FRANÇAISE (XVIIIe siècle). *Portrait d'homme.* Pastel (cadre bois sculpté).

82 — ECOLE DE FONTAINEBLEAU. *Portrait de François Ier.*

83 — ECOLE FLAMANDE, XVIIe SIÈCLE.
Portrait d'homme.

84 — ECOLE FRANÇAISE (Epoque Régence).
Portrait de gentilhomme.

85 — ECOLE FRANÇAISE (Ier Empire). *Portrait de femme.*

85 *bis* — ECOLE FRANÇAISE (Ier Empire).
Portrait d'une actrice.

86 — ECOLE FRANÇAISE XVIIIe SIÈCLE.
Portrait d'homme.

87 — ECOLE FRANÇAISE XVIIIe SIECLE.
Portrait de femme.

87 *bis* — ECOLE FRANÇAISE XVIIIe SIECLE.
*Portrait de M. de Freycine représentant de
Loir-et-Cher à la Convention.*

88 — ECOLE DE FONTAINEBLEAU. *Gentilhomme et sa femme.*

89 — ECOLE FRANÇAISE XVIIIe SIECLE.
Suite de quatre petits portraits de femmes.
Cadres bois sculptés.

89 *bis* — ECOLE FRANÇAISE XVIIIe SIECLE.
Cinq petits portraits (Lot à diviser).

90 — ECOLE ITALIENNE XVIIe SIECLE.
Deux portraits formant deux pendants.

91 — EC. ANGLAISE FIN DU XVIIIe SIECLE.
Portrait d'un général anglais.

92 — ECOLE FRANÇAISE XVIIIe SIECLE.
Femme tenant une guirlande de fleurs.

93 — ECOLE FRANÇAISE XVIIIᵉ SIECLE.
Portrait d'un écrivain.

PORTRAITS MODERNES

94 — ARY SCHEFFER (**A**ttribué à) *Portrait d'homme.*

95 — BAUDOUIN (Roland). *Portrait de jeune femme.*

96 — CABANEL (Alexandre). *Portrait de Madame de Mormand.*

97 — COURBET (Attribué à Gustave). *Portrait de femme.*

98 — DREUX-DORCY. *Portrait de femme.*

99 — DUBUFE (C. Marie). *Portrait de femme.*

100 — DUBUFE (Attribué à C. Marie). *Mlle Falcon de l'Opéra.*

101 — LICHTENHELD (KARL). *Portrait d'homme.*
Pastel.

102 — MAURIN (EUGÈNE). *Portrait présumé d'André Gill.*

103 — MASSON (BENEDICT). *L'Artiste peint par lui-même.*

103 *bis* — MONTICELLI (Attribué à). *L'Artiste peint par lui-même.*

104 — ROEDEL (D'après PRUD'HON). *Portrait d'homme.* Lithogr.

105 — ECOLE AUTRICHIENNE. *Portrait présumé de Kossuth.*

106 — ECOLE FRANÇAISE. *Portrait d'enfant.*

107 — ECOLE ANGLAISE. *Portrait de fillette.*

PORTRAITS DIVERS

108 — BOILLY (École de). *Portrait de jeune dame.*

109 — CLOUET (D'après). *Portrait de Marie Stuart.*

110 — DELORME DE LYON 1831. *Portrait d'un jeune homme.*

111 — HALL (Genre de). *Jeune femme.* Miniature.

112 — LAWRENCE (Genre de Sir Th.) *Portrait de fillette.*

113 — MOREELSE (Genre de). *Portrait d'une dame noble.*

114 — RAOUX (D'après). *Portrait de jeune femme.*

115 — RAVESTEIN (Genre de). *Portrait de jeune femme.*

116 — EC. ANGLAISE. *Portrait de jeune fille.*

117 — ECOLE ANGLAISE. *Portrait de femme.*

118 — EC. ANGLAISE *Portrait de jeune fille.*

119 — ECOLE FRANÇAISE XVIII° SIECLE. *Portraits de jeune femme et de jeune homme.*

120 — ECOLE FRANÇAISE (Genre XVIII° siècle). *Portrait de jeune femme.*

121 — ECOLE FRANÇAISE (Genre XVIII° siècle). *Portrait de femme.*

122 — ECOLE FRANÇAISE (Genre XVIII° siècle). *Bergère.* Pastel.

123 — *Trois portraits de femme.* Miniature.

124 — *Deux portraits de femme.* Pastel.

125 — EC. HOLLANDAISE. *Portrait d'homme.*

126 — *Portrait d'homme en collerette.* Dessus de cheminée décoratif.

127 — INCONNU. *Portrait d'un officier.* Epoque de 1830.

128 — *Deux portraits.* Dessins.

129 — *Deux portraits d'homme.* Gravures.

130 — Lot de deux-cent portraits etc. lithographie, gravures.

131 — Lot de 80 portraits etc. lithographies, gravures etc.

132 — Lot de 10 portraits etc. lithographies, gravures etc.

133 — Tableaux omis au catalogue.

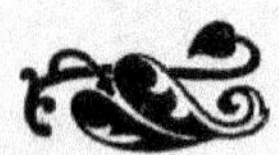

RED. :

16

379.89.70
graphicom

0 1 2 3 4 5 6 7 8 9 10